S, 80

Josef Zmijewski

Mein ganzes Glück bist Du allein

Josef Zmijewski

Mein ganzes Glück bist Du allein

Geistliche Ansprachen

Verlag Parzeller

ISBN 3 7900 0293 3

Titelbild: Christel Holl, Rastatt
Abbildung Seite 45: © Sieger Köder,
„Der Mund kann lachen,
wenn das Herz auch traurig ist“
Abbildungen Seite 11, 25, 33, 56:
Emailarbeiten von Egino G. Weinert, Köln
Gesamtherstellung: Druckerei Parzeller, Fulda

Vorwort

Glücklich zu sein - das ist eine Ursehnsucht des Menschen. Aber worin besteht wahres Glück, und wie kann man es erreichen?

Die fünf im vorliegenden Büchlein zusammengestellten Ansprachen, die zu verschiedenen Anlässen bei katholischen Morgenfeiern im Rundfunk gehalten worden sind, versuchen, auf diese existentiell wesentliche Frage die christliche Antwort zu geben: Wirklich glücklich ist der Mensch dann, wenn er für Gott, die Quelle allen Glücks, „geht", d. h. sein Leben und Handeln, vor allem sein Verhalten gegenüber den Mitmenschen von Ihm bestimmen läßt.

Dazu aber ist es notwendig, immer wieder den lebendigen Kontakt mit Gott zu suchen. Das geschieht besonders im Gebet. Wenn sich dieses in der rechten Weise vollzieht - wie es uns Jesus gelehrt und vorgemacht hat -, wird es zu einer echten Kraftquelle auf der oft beschwerlichen Suche nach dem Glück.

Wer auf solche Weise von Gott her und mit Gott lebt, dem wachsen zwei Haltungen zu, die einen wahrhaft glücklichen Menschen wesentlich prägen: die Freude und die Dankbarkeit.

Möge dieses Büchlein jedem, der es liest, Anregungen geben für seine persönliche Suche nach dem Glück und da-

zu ermutigen, es bei dem zu suchen, von dem schon der Beter des Alten Bundes aufgrund eigener Erfahrungen sagen kann: „Mein ganzes Glück bist du allein“ (Ps 16,2b).

Fulda, am Neujahrstag 1998

Josef Zmijewski

Inhalt

WAS MACHT WIRKLICH GLÜCKLICH?
Gedanken zum Neujahrsmorgen

Immer, wenn ein neues Jahr beginnt, frage ich mich: Was wird es mir wohl bringen? Werden meine Wünsche, meine Pläne, meine Vorsätze sich verwirklichen lassen? Vor allem: wird es tatsächlich ein solches Jahr, wie es mir in den Tagen um den Jahreswechsel so viele Leute wünschen, nämlich ein *glückliches* neues Jahr?

Doch was ist das eigentlich - Glück? Wie kann man Glück - wirkliches Glück - definieren? Kann man es überhaupt definieren? Und wie kann ich es erreichen, dieses Glück?

Es gibt in unserer Sprache wohl kaum ein Wort, das so oft gebraucht und dabei so unterschiedlich bestimmt wird wie das Wort Glück. Und das ist kein Zufall. Glück ist nun einmal das letzte Ziel menschlichen Tuns und Strebens. Philosophen und Theologen, Dichter und Denker haben sich deshalb immer wieder mit diesem Thema beschäftigt. Aber auch Märchen handeln davon und ebenso zahlreiche Sprichwörter und Redewendungen. Ob sie uns vielleicht helfen können, eine Antwort zu finden auf die Frage nach dem, was wirkliches Glück bedeutet?

„Da hast du noch einmal Glück im Unglück gehabt!", sagen wir z.B. zu einem, der mit Mühe und Not einer drohenden Gefahr entronnen, mit einem „blauen Auge" davongekommen ist. Aber ist das schon wirkliches Glück: wenn man Glück *hat*? Ist Glück überhaupt etwas, das mit „haben" und „besitzen" zu tun hat? Kann man denn

Glück kaufen wie eine beliebige Ware? Sicher nicht. Schon ein Sprichwort sagt: „Geld macht nicht glücklich!" Mag jemand auch noch so viel Geld in der Tasche oder auf dem Bankkonto haben, mag er sich damit auch noch so viele Wünsche erfüllen können - das Lebensglück kann er sich damit nicht erkaufen. Ein Kind z.B., das von seinen Eltern zwar alles bekommt, was heutzutage so auf dem Markt für Kinder angeboten wird, das aber keine Liebe und Zuneigung erfährt, ist sicher todunglücklich.

Der Schriftsteller Phil Bosmans hat deshalb recht, wenn er sagt: „Glück kann man nicht aufs Konto überweisen. Glück kann man nicht auf dem Fließband herstellen... Glück kann man nicht durch Knopfdruck herbeizaubern. Mit Geld kannst du dir ein schönes Haus kaufen, aber keine Wärme und Geselligkeit. Mit Geld kannst du dir ein weiches Bett kaufen, aber keinen Schlaf. Mit Geld kannst du Beziehungen kaufen, aber keine Freundschaft. Mit Geld öffnet sich dir jede Tür, nur nicht die Tür zum Herzen... . Mehr als Geld brauchen wir Liebe, Liebe ist die Kaufkraft des Glücks" (aus: Sonnenstrahlen des Glücks).

Genausowenig wie man wahres Glück erkaufen kann, genausowenig kann man es sich verdienen oder gar „erarbeiten". Insofern erscheint mir ein Sprichwort wie dieses: „Jeder ist seines Glückes Schmied" wohl nicht ganz zutreffend. Gewiß: Glück ist beileibe kein bloßer Zufall - wie ein Sechser im Lotto. Glück ist zweifellos immer „auch ein Stück Arbeit an sich selbst. Ein Stück Willensanstrengung, ein tägliches Bemühen - um Glück" (A.L. Balling, in: Das Glück wurde als Zwilling geboren). Gewiß gilt auch, daß man - wie man so sagt - das Glück

„Erwerbe dir einen Schatz im Himmel"
(Emailarbeit von Egino G. Weinert)

„beim Schopf fassen“ soll, wenn es einem begegnet. Dennoch ist Glück nicht einfach machbar oder gar manipulierbar. Es ist vielmehr - wie ja eigentlich alle wesentlichen Dinge des Lebens - zutiefst ein Geschenk, eine unverdiente Gnade.

Was ist das nun aber - das Glück? Worauf kommt es an, wenn man wirklich glücklich sein will? Nach Adalbert Ludwig Balling bedeutet Glücklichsein vor allem dieses: „Mensch sein dürfen. Frei sein dürfen. Lieben dürfen - und geliebt werden. Sich selbst annehmen, sich mögen, sich lieben, jedoch im Wissen, dadurch auch jene zurückzulieben, die uns als Mitmenschen gegeben sind. Glücklich sein ist vergessen dürfen, vergeben dürfen, mit neuen Augen schauen. Glück ist in allererster Linie tiefe innere Zufriedenheit. Glück ist die Verbindung kennen zu dem hinüber, der Ursprung jedes Menschenglückes ist: Gott“ (aus: Das Glück wurde als Zwilling geboren).

Hier wird deutlich ausgesprochen, worin das Glücklichsein besteht: daß ich letztlich mit mir selbst im Einklang lebe, mich selbst annehme, so wie ich bin, und damit auch zu meiner eigenen Identität finde. Das aber ist mir nur dann möglich, wenn ich auch in Einklang mit denen stehe, die mein Leben mit mir teilen: den *Mitmenschen*, die - genau wie ich selbst - unterwegs sind, immer auf der Suche nach Glück. Von anderen geliebt und angenommen zu werden, ist deshalb für ein glückliches Leben unverzichtbar. Unverzichtbar ist aber auch, daß ich mich den anderen in Liebe zuwende. Darauf macht der Dichter Hermann Hesse aufmerksam, wenn er sagt: „Glück ist Liebe, nichts anderes. Wer lieben kann, ist glücklich.“

Opa
Lennart
Rebecca

. . . der erste Schultag . . .

so weit ist es zwar noch
lange nicht, aber Lennart
und Rebecca spielen zurzeit
nichts lieber. Wo ist die
Oma paula, der Apfelbrummbär
- sie besuchen Dich bald
am 16.-17 Februar !!!

Und ein Sprichwort meint sogar: „Glücklicher als glücklich ist, wer andere glücklich macht!"
Jemand, der dies in vorbildlicher Weise in die Tat umgesetzt hat, war bekanntlich die im September 1997 verstorbene, von aller Welt hochverehrte Mutter Theresa von Kalkutta. Sie fand ihr Lebensglück gerade darin, für die Ärmsten der Armen, die Kranken und Sterbenden dazusein und sie durch ihre liebende Zuwendung zu beglücken. „Laß nicht zu, daß du jemandem begegnest, der nicht nach der Begegnung mit dir ein wenig glücklicher geworden ist", hat sie einmal gesagt - eine Aufforderung, die wie ein Vermächtnis erscheint, das sie uns allen hinterlassen hat!
Unverzichtbar für echtes Glücklichsein ist neben der Zuwendung zu den Mitmenschen auch die Hinwendung zu *Gott*. Er ist die Quelle unseres Lebens. Von ihm her und auf ihn hin leben wir, und „unruhig ist unser Herz, bis es Ruhe findet in Ihm", wie es der Hl. Augustinus formuliert hat (Confessiones I,1). Weil Gott die Quelle des Lebens ist, ist er auch die Quelle des Glücks. Und in der Tat: Gott will nichts anderes als dies: daß die Menschen glücklich sind. Dazu hat er sie erschaffen. Phil Bosmans formuliert es so: „Gott sagt: Wenn ich die Menschen glücklich sehe, bin ich am Ziel. Der Sinn meiner Schöpfung ist das Glück der Menschen. Und glückliche Menschen brauche ich, um andere glücklich zu machen" (aus: Sonnenstrahlen des Glücks).
Damit die Menschen glücklich sein können, hat Gott sich immer wieder etwas einfallen lassen, erfinderisch, wie seine Liebe nun einmal ist. Dem ersten Menschen hatte er

bekanntlich das Paradies geschenkt. Er sollte für immer in der beglückenden Lebensgemeinschaft mit ihm stehen. Als dann der Mensch sich von Gott abwandte, weil er sein Leben selbst bestimmen wollte, verlor er zwar das Paradies. Aber Gott fand neue Wege, um sein Ziel, das Glück des Menschen, doch noch zu erreichen: Vor einer Woche haben wir Weihnachten gefeiert, das Fest der Geburt Jesu. In ihm, dem menschgewordenen Gottessohn, hat Gottes Güte und Liebe sichtbare Gestalt angenommen. Jesus hat die Menschen, die sich auf ihn einließen, wirklich glücklich gemacht. Gerade in den Evangelien der Weihnachtszeit begegnen mir solche Menschen, die das erfahren durften: die Hirten z.B. oder die Weisen aus dem Morgenland. Sie erlangten dieses Glück, das Jesus bot, allerdings nur, weil sie auch den Mut hatten, aufzubrechen und sich von Gott den Weg zur Krippe führen zu lassen. Vielleicht finden viele Menschen deshalb nicht zum wahren Glück ihres Lebens, weil sie diesen Aufbruch nicht wagen, sondern lieber in erstarrten Konventionen verhaftet bleiben, vermeintliche Sicherheiten nicht aufgeben wollen. Nur wer den Aufbruch wagt, der erfährt, was die Menschen damals durch ihre Begegnung mit Jesus erfahren haben: daß es einen Vater im Himmel gibt, der unser Leben hält und trägt und der für uns ein Glück will, das nie vergeht, sondern bis in alle Ewigkeit bleibt, so daß wir mit einem Kirchenlied singen dürfen: „Wer auf ihn sich ganz verläßt, dessen Glück steht felsenfest!“ -
Was ist wahres Glück und wie kann ich es erreichen? Auf seine Weise gibt darauf auch das altbekannte Märchen „Hans im Glück“ eine Antwort. In diesem Märchen wer-

den, so scheint mir, Urerfahrungen des Menschen auf der Suche nach Glück angesprochen. Ich möchte einmal versuchen, das Märchen in diesem Sinn zu deuten (vgl. zum Folgenden auch: Heriburg Laarmann, in: Mit Märchen und ihren Sinnbildern, S. 57-60):
Hans hat seinem Meister sieben Jahre treu gedient und macht sich nun auf den Weg nach Hause. Schon darin gleicht er uns: Wir alle sind ja *unterwegs* - um unser Glück zu suchen und am Ende einmal nach Hause zu gelangen, dorthin, wo wir für immer glücklich sein können. Insofern ist wohl jeder Mensch nicht nur ein Glücksucher, sondern letztlich auch ein Gottsucher. Denn erst bei ihm sind wir wirklich zu Hause.
Als Lohn hat Hans einen *Goldklumpen* erhalten, so groß wie sein Kopf. Den hat er sich redlich verdient, weil er seinem Meister gegenüber „treu wie Gold" war. Zwei Dinge fallen mir hier auf. Zum einen: Was Hans auf den Weg mitbekommt, ist seinem *inneren Wesen angemessen.* Hans ist nicht nur äußerlich, sondern auch innerlich reich! So kann er *froh* seinen Weg gehen. Freude und Glück hängen offenbar ganz entscheidend davon ab, wie unser *Inneres* beschaffen ist. Vielleicht sollten wir - noch viel mehr, als wir es gemeinhin tun - unsere inneren Qualitäten mehr pflegen und zur Geltung bringen: unsere Liebesfähigkeit, unsere Treue, Gelassenheit. Sie sind, scheint mir, die Wurzeln wahren Glücks. Ich glaube, Gott hat jedem von uns einen solchen inneren Reichtum zugedacht und geschenkt. Nur erkennen wir den vielleicht zu wenig und suchen dann das Glück statt in uns selbst lieber in äußerem Besitz. Zum anderen fällt auf: Hans nimmt

nur den Goldklumpen auf seinen Weg mit. Der ist ja auch schwer genug. Alles andere, was er vielleicht noch gern hätte mitnehmen mögen, läßt er dafür zurück. Wer sich auf den Weg macht auf der Suche nach dem Glück, der muß das *Verzichten lernen*! Phil Bosmans sagt: „Reich und glücklich bist du nicht, wenn du viel besitzt, sondern wenn du viel entbehren kannst!“ (aus: Sonnenstrahlen des Glücks).

Schon bald empfindet Hans aber auch das einzige, was er mitgenommen hat, den Klumpen Gold, als Belastung. Das macht ihn nicht glücklich. Und so ist er froh, daß er das Gold gegen ein *Pferd* tauschen und nun hoch zu Roß seinen Weg fortsetzen kann. Hans macht damit die uralte Erfahrung, daß Reichtum und Besitz zu belastend werden können und deshalb nicht geeignet sind, um auf Dauer glücklich zu machen.

Mir kommt in diesem Zusammenhang die Geschichte eines anderen jungen Mannes in den Sinn, der das so erfahren mußte. Es ist eine Geschichte aus dem Evangelium (vgl. Mt 19,16-26): Eines Tages kommt ein reicher junger Mann zu Jesus und fragt ihn, was er Gutes tun müsse, um das ewige Leben zu erlangen. Man könnte die Frage auch so formulieren: „Wie muß ich es anstellen, um wirklich dauerhaft glücklich zu sein?“ Jesus zeigt ihm den Weg auf: Er soll nicht nur weiterhin das tun, was er bisher schon vorbildlich getan hat, nämlich die Gebote Gottes erfüllen, sondern er soll seinen ganzen Besitz verkaufen, den Erlös den Armen geben und dann Jesus nachfolgen. Da geht der junge Mann traurig weg, denn er hat ein großes Vermögen und das kann und will er nicht aufgeben.

Damit aber geht er an seinem Lebensglück vorbei. Bei wie vielen Menschen mag es ähnlich sein!
Der Hans in unserem Märchen trennt sich immerhin vom schweren Goldklumpen. Allerdings nur im Tausch gegen etwas anderes, das ihm nunmehr Freude und Glück verspricht: das Pferd. Doch schon bald macht er eine im wahrsten Sinne des Wortes „be-stürzende“ Erfahrung: Er fliegt vom Pferd und fällt in einen tiefen Graben. Alles Glück auf Erden liegt eben nicht „auf dem Rücken von Pferden“! Auf dem „hohen Roß“ sitzen, im Leben leicht und schnell vorankommen, eine glänzende Karriere machen, vielleicht sogar Macht über andere ausüben können - auch dies alles kann nicht wirklich glücklich machen, weil man dabei leicht den sicheren Boden unter den Füßen verliert, oft genug auch den Bezug zur Realität. Und weil man auch nicht mehr die Menschen und Dinge richtig wahrnimmt, die einem unterwegs begegnen, nicht mehr die kleinen Wunder des täglichen Lebens sieht, obwohl gerade sie das Herz so froh machen können.
Die „bestürzende“ Erfahrung, die Hans gemacht hat, läßt ihn nur zu gern das Pferd gegen eine *Kuh* eintauschen. Auf dem Boden zu bleiben - das hat er jetzt gelernt - ist sicherer als hoch oben auf einem Pferd zu reiten. Zudem darf er hoffen, daß ihm die Kuh auch seinen Durst stillt. Aber die lebenspendende Milch fließt ihm nicht so ohne weiteres zu: Beim Melken bekommt er von der Kuh einen Schlag vor den Kopf, der ihn umwirft. Auch die Chance, die natürlichsten Bedürfnisse wie Essen und Trinken befriedigen zu können, macht nicht wirklich glücklich! In der Tat: Wie viele Menschen haben genug zum Leben

und sind doch zutiefst unglücklich, weil ihr *innerer* Hunger und Durst nach Freude, Friede, Liebe, Geborgenheit nicht gestillt wird! Und wie viele Menschen gibt es umgekehrt, die kaum das Nötigste zum Leben haben und dennoch glücklich sind - weil sie sich angenommen und geliebt wissen!

Nach seiner wahrhaft „umwerfenden" Erfahrung mit der Kuh versucht es Hans mit einem *Schwein* und dann mit einer fetten *Gans*. Durch ihren Genuß erhofft er endlich das Glück zu finden, das er sucht. Aber: das Leben in vollen Zügen *genießen*, Glück durch Genuß, durch Konsum - auch das ist eine Illusion, der leider gerade heute in unserer Zeit viele Menschen erliegen!

Auch der nächste Versuch, sich Glück zu verschaffen, mißlingt unserem Hans. Er tauscht nämlich die Gans gegen zwei *Schleifsteine* ein, weil ihm der Scherenschleifer erzählt, welch goldenen Boden doch so ein Handwerk habe. Und so will Hans nun versuchen, sein Glück durch eine *gesicherte Arbeit* zu finden. Aber da passiert's: Als er durstig wird und sich an einem Brunnen niederbeugt, um Wasser zu trinken, stößt er versehentlich seine Steine in die Tiefe. Und nun das Überraschende: Als Hans die Steine versinken sieht, springt er freudig auf, kniet nieder und dankt Gott mit Tränen des Glücks in den Augen. Denn nun ist er befreit von allem, was so hinderlich war, und er ruft aus: „So glücklich wie ich ist kein Mensch unter der Sonne!" Frei und frohen Herzens kommt Hans als glücklicher Mensch zu Hause an.

Erst mit leeren Händen, der lebenspendenden Quelle zugewandt, ist Hans also wirklich glücklich. Er hat das Verlieren und Verzichten gelernt. Und das hat ihn frei gemacht. So sagt uns diese Geschichte: Alle Arten von irdischem Besitz, ob Geld, Macht, Ehre, Bequemlichkeit, Genuß können allenfalls für kurze Zeit ein gewisses Glücksgefühl bereiten. Sie sind aber keine Fundamente für wirkliches, bleibendes Glück. Das findet man erst, wenn man sich - auch innerlich - von all diesen Dingen freimacht und sich ganz der Quelle des Lebens zuwendet: Gott. Er allein ist in der Lage, unseren Durst nach Glück voll und ganz und für immer zu stillen, wie es schon in den Psalmen heißt: „Mein ganzes Glück bist du, Gott, allein" (Ps 16,2), „denn bei dir ist die Quelle des Lebens" (Ps 36,10).

FÜR WEN GEHE ICH?

Eine jüdische Geschichte erzählt von einem Rabbi namens Naphtali. Der wohnt in einer Stadt, in der es viele reiche Leute gibt. Deren Häuser liegen am Ende der Stadt in einer einsamen Gegend, am Rand des Waldes. Deshalb haben sie Wächter angestellt. Die sollen vor ihren Häusern patrouillieren und sie gegen Diebe schützen. Eines Abends nun geht Rabbi Naphtali am Rand des Waldes spazieren. Dabei trifft er auf einen solchen Wächter. „Für wen gehst Du?“ fragt er den Wächter. Dieser gibt ihm Bescheid, stellt dann aber auch eine Gegenfrage: „Und für wen geht *Ihr*, Rabbi?“ Dieses Wort trifft den Rabbi wie ein Pfeil. Darüber hat er noch nicht nachgedacht. So geht er lange schweigend mit dem Wächter auf und ab. Schließlich fragt er ihn: „Willst Du *mein* Diener sein?“ - „Das will ich gern“, antwortet der Wächter, „aber was ist meine Aufgabe, was habe ich zu tun?“ - „Mich zu erinnern“, sagt der Rabbi und geht heim.

„Für wen geht *Ihr*“? So lautet die Frage des Wächters an den Rabbi. Ich höre die Frage auch an *mich* gerichtet: Für wen gehe *ich* eigentlich; für wen lebe ich; wem gilt mein Dienst, meine Begabung, meine Mühe und Sorge, wem die Kraft meines Herzens, mein Suchen und Fragen, mein Leiden und mein Lieben? Eine Frage, die mich einfach nicht in Ruhe läßt, spüre ich doch: Wenn ich auf diese Frage eine Antwort finde, dann weiß ich auch, wozu ich überhaupt da bin, was Sinn und Ziel meines Lebens ist.

Für wen gehe ich, wem gehört mein Leben? Sicher hat sich auch *Jesus* immer wieder so gefragt - damals während der langen Jahre in Nazaret bis zu seinem öffentlichen Auftreten. Die Antwort auf diese Frage erhielt er dann bei jenem Ereignis, das die Kirche am Sonntag nach Epiphanie feiert: bei seiner Taufe im Jordan - zweifellos für Jesus *das* Schlüsselerlebnis.

Markus berichtet darüber in seinem Evangelium: „In jenen Tagen geschah es, daß Jesus aus Nazaret in Galiläa kam und sich von Johannes im Jordan taufen ließ. Und als er aus dem Wasser stieg, sah er den Himmel sich teilen und den Geist wie eine Taube auf sich herabkommen. Und eine Stimme aus dem Himmel sprach: 'Du bist mein geliebter Sohn, dich habe ich erwählt.'" (Mk 1,9-11).

Was hier geschildert wird, ist der entscheidende Augenblick im Leben Jesu, da ihm seine wahre *Identität* und zugleich sein *Lebensprogramm* vom Himmel her - sozusagen „von höchster Stelle" und damit in einer unausweichlichen Gültigkeit - kundgetan werden: Gott selbst offenbart ihn als seinen „geliebten Sohn", den er zum Messias berufen und in die Welt gesandt hat! Jetzt hat es Jesus gleichsam „amtlich", wozu er da ist. Jetzt weiß er: es ist Gott, sein himmlischer Vater, der sein Leben bestimmt. Und deshalb gilt es, für *ihn* zu „gehen", für ihn da zu sein und seinen Auftrag zu erfüllen. Und Jesus läßt sich auf diese Bestimmung ein: Er „geht" von nun an ganz für Gott. In gehorsamer Treue begibt er sich auf den vom Vater gewiesenen Weg dienender und hingebender Liebe zum Heil der Welt, damit durch ihn, den „geliebten Sohn" Gottes, alle Menschen erkennen und daran glau-

ben, daß sie nicht verloren, sondern - wie er - von Gott „geliebt" sind.
Für wen gehe *ich*? Als *Christ* finde ich die Antwort auf diese Frage bei Jesus. Er ist gleichsam *mein* „Wächter", der mich immer wieder daran erinnert, was *meine* Identität und *mein* Lebensprogramm ausmacht. Jesus sagt mir: „Du bist nicht, wozu dich die Welt machen will; deine *Identität* gründet nicht auf dem, was die Welt dir verspricht: auf Erfolg, Ansehen und Macht. Nein, deine Identität besteht darin, daß du ein *Kind Gottes* bist. Auch du hast in der Taufe Gottes erwählende Liebe erfahren - so wie ich damals bei meiner Taufe im Jordan. Dein Leben gehört seitdem nicht mehr dir selbst, sondern Gott. Deshalb kann es für dich auch kein anderes *Lebensprogramm* geben als mein eigenes. Also geh - mit mir - für Gott, geh den Weg, den Er für dich vorgesehen hat! Sei für Ihn da! Laß dich in deinem Tun und Streben von Ihm bestimmen! Dazu bist du berufen."
So sagt es mir Jesus. Und er hat recht. Mit Gott und für Gott zu leben, das ist wirklich meine Berufung. Ohne Beziehung zu Gott würde ich nur mich selbst, meine Identität verlieren, ja ohne Beziehung zu Gott würde ich letztlich am Sinn meines Lebens vorbeileben. Wir Menschen sind nun einmal - wie es der hl. Augustinus gesagt hat - „auf Ihn hin geschaffen, und unruhig ist unser Herz, bis es Ruhe findet in Ihm" (vgl. Confessiones I,1).
Ich gehe für Gott. Das ist meine Berufung, ja der Sinn meines Lebens. Aber - so frage ich mich - kann ich meiner Berufung überhaupt gerecht werden? Wie kann ich es denn erreichen, daß ich wirklich für *Gott* „gehe"? Im

Nachdenken über diese Frage erinnere ich mich daran, was ich einmal vor vielen Jahren im Katechismusunterricht gelernt habe. Bis heute habe ich sie nicht vergessen: die Antwort, die der Katechismus auf die Frage gibt, wozu wir auf Erden sind: „Wir sind auf Erden", sagt er, „um Gott zu erkennen, ihn zu lieben, ihm zu dienen und einst ewig bei ihm zu leben."

Ja, genau das ist es, genau das ist das Programm, das es für mich zu verwirklichen gilt! Das allererste, worauf es ankommt, ist danach: *Gott* zu *erkennen.* Damit fängt alles an! Die Gotteserkenntnis war schon für den biblischen Menschen ein allerhöchstes Gut. So bittet Mose den Herrn: „Wenn ich deine Gnade gefunden habe, so laß mich doch deinen Weg wissen. Dann werde ich *dich erkennen*" (Ex 33,13). Und durch den Propheten Hosea läßt Gott selbst verkünden, daß Liebe und Gotteserkenntnis wichtiger sind als Schlacht- und Brandopfer (Hos 6,6). Dabei geht es eigentlich nicht um ein rein intellektuelles Wissen über Gott, auch nicht um die berühmten Gottesbeweise der Philosophen und Theologen. Vielmehr geht es bei diesem „Erkennen Gottes" um die ganz persönliche Erfahrung und Begegnung mit Gott, um ein Kennenlernen Gottes im eigenen Leben.

Aber wo ist denn Gott? Ist er tatsächlich in meinem Leben anwesend, ist er ansprechbar, erreichbar? Habe ich nicht manchmal eher das Gefühl: Gott hat sich aus der Welt und meinem Leben zurückgezogen und kümmert sich überhaupt nicht um mich? „Gott, mein Gott, warum hast Du mich verlassen?" - diese schmerzliche Erfahrung Jesu am Kreuz (vgl. Mk 15,34), ist sie nicht oft genug

auch meine Erfahrung? Wo also ist Gott; wo soll ich ihn suchen; wie kann ich ihn finden?
Eine Geschichte aus der Bibel kommt mir in den Sinn. Sie handelt davon, wie der Prophet Elija eines Tages am Berge Horeb Gott begegnet (vgl. 1 Kön 19,8-13): Zuerst kommt ein heftiger Sturm. Aber Gott ist nicht im Sturm, wie Elija meint. Dann kommt ein Erdbeben. Gott ist auch nicht im Erdbeben. Dann ein Feuer. Aber auch im Feuer ist er nicht. Gott erscheint anders: nicht in diesen machtvollen, furchterregenden Naturphänomenen, sondern im leichten Säuseln des Windes kommt er - ganz leise und unscheinbar, fast banal, möchte man sagen.
Manchmal ist es bei mir auch so, daß ich denke: Wenn es Gott gibt, dann sollte er sich in einem machtvollen, die Zweifel an seiner Existenz zerstreuenden und alle zum Glauben zwingenden Geschehen zu erkennen geben! Oder wenn ich sehe, was heute so alles an Schrecklichem in der Welt passiert, daß ich mir dann manchmal wünschte, Gott würde mit Feuer und Schwert dreinschlagen, um zu zeigen, wer der Herr der Welt ist!
Indes: Gott ist anders und handelt anders, als ich es mir vorstelle oder wünsche. Und so offenbart er sich auch in meinem Leben anders, als ich es erwarte. Ich begegne ihm nicht unbedingt in großen und spektakulären Ereignissen - obwohl es so etwas geben mag -, sondern eigentlich eher in den kleinen, alltäglichen Begebenheiten. Ich kann ihm z. B. im Gebet und in der Stille begegnen. Oder wenn ich in der Heiligen Schrift lese und mich von dem, was er da sagt, persönlich ansprechen lasse. Ich kann ihm begegnen im Gespräch mit einem Mitmenschen, das mir

„Aussendung der Apostel“
(Emailarbeit von Egino G. Weinert)

ganz neue Erkenntnisse vermittelt. Ich kann ihm aber auch begegnen in den Sorgen und Nöten, den Leiden und Gefahren des täglichen Lebens, wenn ich plötzlich spüre: Ich bin nicht allein. Er schickt mir Hilfe. Er ist bei mir, hält und trägt mich! Es gibt viele Möglichkeiten für mich, Gott kennenzulernen, persönliche Erfahrungen mit ihm zu machen. Nur eines ist wichtig, damit es dazu kommen kann: Ich muß es aufgeben, Gott dort zu suchen, wo *ich* ihn gerne finden möchte. Statt dessen muß ich Augen und Herz offen halten für sein unvermutetes, überraschendes und deshalb ja auch so leicht zu übersehendes Kommen!
Von einem berühmten jüdischen Frommen wird erzählt, wie er einmal gelehrte Männer, die bei ihm zu Gast waren, mit der Frage überraschte: „Wo wohnt Gott?“ Die schüttelten den Kopf und sagten: „Wie könnt Ihr nur so reden? Die ganze Welt ist voll von seiner Herrlichkeit!“ Darauf der Fromme: „Gott wohnt, wo man ihn einläßt!“ - Wenn ich Gottes Nähe erfahren will, dann darf ich ihn nicht draußen vor der Tür stehen lassen, ich muß ihn hereinbitten und teilnehmen lassen an meinem Leben!

Je mehr ich Gott in meinem Leben kennenlerne, je bewußter mir seine Nähe wird, desto mehr werde ich auch dazu kommen, ihn (wie der Katechismus sagt) zu *lieben*. Liebe ist ja die tiefste Form menschlichen Erkennens. Ein Liebender erkennt mit den Augen des *Herzens*. Und bekanntlich sieht man ja nur mit dem Herzen gut. Nur das Herz vermag über den äußeren Schein hinaus das Hintergründige zu verspüren, einfach weil es in der Lage ist zu lieben. So sehe und erkenne ich Gott letztlich nur dann wirklich gut, wenn ich ihn mit den Augen des Herzens, d.h. mit den Augen der Liebe sehe.

Nicht zufällig lautet das Hauptgebot, das Jesus verkündet hat: „Du sollst den Herrn, deinen Gott, lieben mit ganzem Herzen und ganzer Seele, mit all deinen Gedanken und all deiner Kraft... .Und: Du sollst deinen Nächsten lieben wie dich selbst!" (Mk 12,30.31).

Ich soll also Gott lieben mit dem *Herzen*, nicht etwa nur mit dem Kopf oder mit der Zunge, d.h. mit schönen Worten. Und ich soll ihn lieben mit *ganzem* Herzen, also nicht nur halb-herzig und unter Vorbehalt, sondern total und radikal, mit *allen* mir zur Verfügung stehenden Kräften und Möglichkeiten! Liebe - echte Liebe - ist nun einmal mehr als nur ein schönes Gefühl. Sie verlangt den vollen Einsatz.

Deshalb gilt es (wie der Katechismus weiter sagt), Gott auch zu *dienen*. Einen Liebenden drängt es nun einmal, dem anderen auf alle mögliche Weise seine Liebe zu *zeigen*. Was lassen sich z.B. Verliebte nicht alles einfallen, um sich zu beglücken! So ist es auch in bezug auf Gott: Wenn ich Gott wirklich liebe, dann muß ich ihm das auch zeigen, indem ich für ihn da bin, ihm diene!

Wodurch aber kann ich ihm dienen und ihm so meine Liebe zeigen? Wieder finde ich bei Jesus eine Antwort auf diese Frage. So sagt er einmal zu seinen Jüngern: „Wer meine Gebote hat und sie hält, der ist es, der mich liebt; wer aber mich liebt, der wird auch von meinem Vater geliebt werden" (Joh 14,21a). Und weiter: „Wenn ihr meine Gebote haltet, bleibt ihr in meiner Liebe, so wie

ich die Gebote meines Vaters gehalten habe und in seiner Liebe bleibe“ (Joh 15,10).
Jesus hat seine Liebe zum Vater dadurch erwiesen, daß er tat, was dieser ihm aufgetragen hatte. So diene auch ich Gott und zeige ihm meine Liebe, wenn ich seine *Gebote und Weisungen erfülle*. Gottes Gebote sind keineswegs Fesseln, die er mir anlegt, um mich in meiner Freiheit und Selbstbestimmung einzuschränken. Sie verstehen sich vielmehr als Weg-weiser. Hinter ihnen steht die sorgende Liebe des himmlischen Vaters, der mir dadurch helfen will, den rechten Weg zu finden, den Weg, der mich hinführt in die ewige Lebensgemeinschaft mit ihm. Das ist ja (so sagt es auch der Katechismus) das große Ziel: *ewig bei Ihm zu leben*! Deshalb ist es nicht nur Ausdruck meiner Dankbarkeit, sondern auch Zeichen meiner Liebe zu Gott, wenn ich seine Gebote und Weisungen zur Richtschnur meines Lebens und Handelns mache.
Jesus macht mich aber auch noch auf etwas anderes aufmerksam: Wenn er an das Gebot der Gottesliebe unmittelbar das der Nächstenliebe anschließt und sagt: „Du sollst deinen Nächsten lieben wie dich selbst!“, dann will er doch offensichtlich betonen, daß für ihn Liebe zu Gott ohne Liebe zum Mitmenschen nicht denkbar ist. Beide gehören untrennbar zusammen. Der *Liebesdienst am Mitmenschen* ist dabei Ausdruck der Liebe zu Gott, ja mehr noch: er ist wahrer Gottes-Dienst, Dienst an Gott und für Gott. Der 1. Johannesbrief drückt es so aus: „Wer seinen Bruder nicht liebt, den er sieht, kann Gott nicht lieben, den er nicht sieht!“ (1 Joh 4,19b). Die Liebe zum

Nächsten erscheint hier gleichsam als die Nagelprobe für die Echtheit meiner Beziehung zu Gott!
Gott dienen, indem ich meinen Nächsten liebe wie mich selbst - schaffe ich das überhaupt? Empfinde ich diese Forderung nicht oft genug als eine Überforderung? Wie also kann ich sie erfüllen mit meinen geringen Kräften?
Es gibt eine russische Geschichte. Die handelt von einem König, dem die Frage nach der rechten Zeit für Entscheidungen, nach dem wichtigsten Menschen und nach der wichtigsten Tat schlaflose Nächte bereitet. Schließlich fragt er einen Einsiedler um Rat. Doch der schweigt. Der König sieht ihn hart arbeiten und hilft ihm dabei. Dann taumelt plötzlich ein Verletzter aus dem Wald, und der König nimmt sich seiner an. Am folgenden Tag stellt sich heraus: Der Verletzte ist der schlimmste Feind des Königs; aber er versöhnt sich mit ihm. Da erkennt der König, daß das Leben selbst seine Frage beantwortet hat. Er weiß nun: „Die *wichtigste Zeit* ist nur eine: der Augenblick. Nur über ihn haben wir Gewalt. Der *wichtigste Mensch* ist der, mit dem uns der Augenblick zusammenführt. Das *wichtigste Werk* besteht darin, ihm Gutes zu erweisen, denn nur dazu ward der Mensch ins Leben gesandt“ (nach Leo Tolstoj). -
Ja, das könnte auch die Antwort auf *meine* Frage sein! Und so will ich denn versuchen, ganz in der Gegenwart zu leben, meine Augen und mein Herz offen zu halten für die Begegnung mit dem anderen und einfach in dem Menschen, mit dem ich es jetzt zu tun habe, meinen Nächsten zu erkennen und für ihn da zu sein. Mehr braucht es wohl nicht, um diese Forderung zu erfüllen.

Und wenn ich das schaffe, in aller Einfachheit von Stunde zu Stunde für die Liebe zu leben, dann diene ich Gott, der ja selbst die Liebe ist (vgl. 1 Joh 4,8). Dann bin ich auf dem richtigen Weg. Denn dann „gehe“ ich wirklich für *Gott*, wie es meiner Berufung entspricht. Ja, dann finde ich meine Identität und - mein Lebensglück.

WAS UNS JESUS ÜBER DAS BETEN LEHRT

Es war im Januar 1945, im letzten Kriegswinter. Eine Familie aus Ostpreußen: 3 Erwachsene und 2 Kinder, ein Mädchen von 10 und ein Junge von 4 Jahren, befand sich auf der Flucht vor den Russen. Sie waren schon den ganzen Tag durch Eis und Schnee gegangen, waren müde, hungrig, halb erfroren. Es wurde dunkel. Weit und breit kein Haus, in dem die Erschöpften für die Nacht unterkommen konnten. Als man fast schon alle Hoffnung aufgegeben hatte, bat einer der Erwachsenen den kleinen Jungen, er möge doch einmal zum lieben Gott beten, vielleicht könnte das ja noch helfen! Der Junge begann, das Vaterunser zu beten. Und tatsächlich: Wenig später kamen Fuhrwerke mit anderen Flüchtlingen vorbei. Man nahm die Familie mit. Sie war - wenigstens an diesem Tag - gerettet!

„Ja die Kinder", mag jemand einwenden, „die können noch beten; und die werden offenbar auch noch erhört. Bei mir sieht das ganz anders aus. Ich habe mit dem Beten meine liebe Not."

Einen solchen Einwand kann ich gut verstehen. Das Beten ist nun einmal keine leichte Sache. Da gibt es manche Schwierigkeiten zu überwinden. In einem Gesprächskreis formulierte z.B. ein Teilnehmer seine Schwierigkeiten so: „Ich will ja beten. Aber es gelingt mir nicht. Entweder vergesse ich das Beten einfach oder, wenn ich schon mal bete, dann bin ich meist gar nicht bei der Sache. Ich denke an wer weiß was, nur nicht an Gott." Eine Frau in den besten Jahren, die ihren Ehemann durch einen plötzlichen Tod verloren hatte, bekannte: „Früher, da habe ich noch gebetet. Aber seit mein Mann so plötzlich gestorben ist, kann ich es einfach nicht mehr. Alles ist seither in mir leer, wie abgestorben. Und nicht nur das: Ich bin richtig wütend auf Gott und mache ihm heftige Vorwürfe, daß er mir ein so schweres Los geschickt hat. Ich kann einfach nicht mehr an seine Gerechtigkeit glauben, wie sollte ich da beten können!“ Ein junger Mann meinte: „Für mich ist Beten langweilig. Das bringt mir nichts. Deshalb lasse ich es lieber ganz sein.“ Und eine Mutter, die sich Sorgen machte um ihren auf Abwege geratenen Sohn, sagte: „Wie oft habe ich schon gebetet, mein Sohn möge wieder den rechten Weg finden. Aber meine Gebete werden einfach nicht erhört.“ Und fast resignierend fügte sie hinzu: „Ich frage mich manchmal: Warum soll ich überhaupt noch beten?“

Solche Äußerungen bestätigen es: Beten ist nicht so einfach. Das haben seinerzeit auch schon die Jünger Jesu gespürt. So wird im Evangelium berichtet: Als Jesus einmal betete, kamen die Jünger zu ihm und baten ihn: „Herr, lehre uns das Beten!“ Und Jesus brachte ihnen bei, was und wie sie beten sollten (Lk 11,1-13).

Ich möchte Sie heute, am sogenannten Bittsonntag vor dem Fest Christi Himmelfahrt, dazu einladen, daß wir es wie die Jünger damals tun: daß wir einmal bei Jesus sozusagen in die Schule gehen und uns von ihm sagen lassen, was Beten bedeutet und wie rechtes Beten aussieht. Dies kann uns, so meine ich, dazu verhelfen, wieder einmal den Wert des Betens zu erkennen und dadurch vielleicht

„Gebet Jesu“
(Emailarbeit von Egino G. Weinert)

auch die Freude am Beten wieder neu zu entdecken. Und die dürfte notwendig sein, soll das Beten nicht nur eine mehr oder weniger langweilige (und deshalb leicht in Vergessenheit geratende) Pflichtübung bleiben, sondern zu einer unverzichtbaren Hilfe fürs tägliche Leben werden.

Wenn wir wissen wollen, was uns Jesus über die Bedeutung des Betens zu sagen hat, dann tun wir gut daran, auf seine Praxis zu achten. Nun ist im Evangelium davon die Rede, daß sich Jesus immer wieder in die Einsamkeit zum Gebet zurückzieht (Mk 1,35; 6,46; Lk 5,16; 11,1), oft sogar ganze Nächte lang (Lk 6,12; 21,37). Offenbar spürt er, wie wichtig es für ihn ist, in ständigem Gesprächskontakt mit Gott zu bleiben, um dadurch Kraft für seinen Dienst an den Menschen zu schöpfen. Besonders vor schweren Entscheidungen hat Jesus dieses Gespräch mit Gott gesucht, etwa vor der Berufung der 12 Apostel (Lk 6,12.13) oder am Ölberg vor seinem Leiden und Sterben (Mk 14,32-42). Und als eines Tages die Jünger müde und abgekämpft von einem Missionsauftrag zurückkehren, da fordert er sie auf: „Kommt mit an einen einsamen Ort, wo wir allein sind, und ruht ein wenig aus!“ (Mk 6,31). Auch die Jünger brauchen also dieses innere Auftanken, dieses „Atemholen der Seele“, wie das Beten ja oft genannt wird.

Und wir? Wir brauchen es ebenfalls. Wir können nicht immer nur unsere Kraft in dieses oder jenes Vorhaben investieren. Wir können nicht immer nur da sein für den Beruf oder die Familie, nicht immer nur arbeiten und schaffen. Wir müssen auch immer wieder Zeit haben, uns innerlich zu regenerieren. Unsere Seele braucht - wie unser Körper - eine ständige Sauerstoffzufuhr, um gesund und lebensfähig zu bleiben. Und dafür bietet das Beten die allerbeste Möglichkeit. Denn bei keiner anderen Gelegenheit ist der Mensch eigentlich so sehr er selbst wie beim Beten. Dort begegnet er ja unmittelbar dem Quellgrund seines Lebens, nämlich Gott, seinem Schöpfer. In einem modernen Katechismus heißt es deshalb: „Beten bedeutet:... unsere Existenz im Licht dessen sehen, der sie uns schenkte“ (Holländischer Katechismus, S. 352). Wer wollte daran zweifeln, daß wir alle diese „Sichtweise“ brauchen!

Das „Atemholen der Seele“ im Gebet gelingt - wie alles Große und Wertvolle - am besten in der Stille. Deshalb wohl zieht sich Jesus zum Beten in die Einsamkeit zurück; deshalb fordert er seine Jünger auf, mit ihm zu kommen und ein wenig „auszuruhen“. Hektik und Betriebsamkeit sind beim Beten fehl am Platz. Sie verhindern nur ein tiefergehendes, gesammeltes Beten und lenken uns ab von einem echten Gespräch mit Gott.

Wie aber kann ich die für das Gebet nötige Ruhe und Stille finden? Sicherlich spielt schon die äußere Atmosphäre eine große Rolle. Nicht zufällig empfiehlt Jesus daher das Beten „im stillen Kämmerlein“ (vgl. Mt 6,6). Noch wichtiger ist freilich, daß die Regungen und Erregungen des Herzens zur Ruhe kommen. Viele große Beter haben das z.B. dadurch erreicht, daß sie zunächst einfach nur ein kurzes Gebetswort oder - noch einfacher - nur den Namen Gottes oder Jesu immer und immer wiederholten. Diese Wiederholung, langsam und besinnlich, führte sie

dann allmählich zu einer tiefen inneren Ruhe und dadurch auch zu einem wirklichen Gespräch mit Gott. Und das soll ja Beten sein: ein Gespräch, ja ein Dialog mit Gott!
Wer aber mit jemandem wirklich ins Gespräch kommen will, der muß auch in der Lage sein, dem Gesprächspartner zuzuhören. Das gilt auch für den Dialog mit Gott. Gerade in der Stille aber kann man dieses Hören auf Gott lernen und wird dadurch überhaupt fähig, mit ihm einen Dialog zu führen. Leider lassen viele Menschen ihr Gebet zu einem Monolog verkümmern. Da reden sie sofort drauflos, sagen Gott, was sie von ihm erwarten. Gott kommt überhaupt nicht zu Wort. Er wird zum bloßen Zuhörer gemacht, ja degradiert zum Befehlsempfänger, zum Erfüllungsgehilfen bei der Durchsetzung eigener Wünsche und Pläne. Braucht man sich da zu wundern, wenn solche Gebete nicht erhört werden?
Wie wichtig beim Beten die Dialogfähigkeit ist, das führt uns Jesus in einem Gleichnis eindringlich vor Augen: Da gehen zwei Männer, ein Pharisäer und ein Zöllner, zum Gebet in den Tempel hinauf. Der Pharisäer stellt sich (offensichtlich ganz vorne) hin und betet folgendes „Dankgebet“: „Gott, ich danke dir, daß ich nicht so bin wie die anderen Menschen, die Räuber, Betrüger, Ehebrecher oder auch wie dieser Zöllner dort. Ich faste zweimal in der Woche und gebe dem Tempel den 10. Teil meines ganzen Vermögens.“ Der Zöllner dagegen bleibt ganz hinten (sozusagen am Weihwasserbecken) stehen. Er wagt nicht einmal, seine Augen zum Himmel zu erheben, sondern schlägt sich nur an die Brust und betet: „Gott, sei mir Sünder gnädig!“ Und dann heißt es am Schluß, daß

der Zöllner „gerechtfertigt“ nach Hause geht, der Pharisäer dagegen nicht. „Denn“, so sagt Jesus, „wer sich selbst erhöht, wird erniedrigt; wer sich aber selbst erniedrigt, wird erhöht werden!“ (Lk 18,9-14).

Das ist schon eine merkwürdige Geschichte. Das Gebet des Zöllners, eines notorischen Schurken, wird von Gott angenommen, es führt zu seiner Rechtfertigung; das Gebet des frommen Pharisäers dagegen nicht! Und das, obwohl dieser Mann hier Gott in eindrucksvoller Weise seinen Dank abstattet! Warum wird sein Gebet nicht erhört? Weil er nur „zu sich selbst“ spricht, wie es im Text ausdrücklich heißt (vgl. V.11). Zwar bildet sich dieser Mann ein, zu Gott zu sprechen. Aber das eigene Ich mit seiner Eitelkeit und Selbstgerechtigkeit schiebt sich sozusagen vor Gott, ja an die Stelle Gottes. So wird sein angeblicher Dank an Gott zu einem reinen Monolog, zu einem Zerrbild wahren Betens. Dieser Mann ist einfach dialogunfähig. Anders der Zöllner. Sein Gebet ist ein echter Dialog mit Gott. Und zwar ein Dialog, bei dem Gott das erste Wort hat. Der Zöllner wird ja als jemand dargestellt, der zunächst im Lichte Gottes seine Schuld erkennt, der sich - anders gesagt - erst einmal von Gott darüber aufklären läßt, wie es um ihn steht, ehe er dann betend darauf die Antwort gibt. Und die ist in seinem Fall nichts anderes (und kann auch nichts anderes sein) als die demütige Bitte um Vergebung und Gnade.

Das Gleichnis bestätigt es: Beten ist ein Dialog, bei dem wir zunächst auf das zu hören haben, was Gott uns sagen will, bevor wir dann unsererseits auf sein Wort, auf seinen An-Spruch betend unsere Ant-Wort geben.

Beten - ein Dialog mit Gott. Das aber setzt neben der Dialogfähigkeit auch eine entsprechende Einstellung zum Gegenüber, also zu Gott, voraus. Viele Schwierigkeiten beim Beten hängen, so scheint mir, mit einem falschen oder zumindest verzerrten Gottesbild zusammen. Beim Beten aber kommt es entscheidend auf das richtige Bild von Gott an!

Das bedeutet zunächst: Will ich mit Gott tatsächlich ins Gespräch kommen, dann muß ich in ihm jemanden sehen, der mir etwas zu sagen hat und mir auch etwas sagen darf: weil er nämlich der Schöpfer und Herr meines Lebens ist. Wenn ich dagegen Gott „beherrschen" will, indem ich ihm vorschreibe, was er mir gegenüber gefälligst zu tun und zu lassen hat, oder wenn ich ihn zu einem Geschäftspartner mache, mit dem ich rechten und feilschen kann und zu dem ich die Beziehungen abbreche, falls er mich nicht so behandelt, wie ich es verdient zu haben meine, dann kann ich natürlich kein wirkliches Gespräch mit ihm führen.

Ein Weiteres kommt hinzu: Ich darf in Gott nicht nur irgendeine unpersönliche Idee oder vage Schicksalsmacht sehen, die drohend und fordernd über der Welt und meinem eigenen Leben steht - zu einem solchen Gott kann man auch wohl kaum beten; einen solchen Gott, den kann man nur fürchten! Nein, wenn Gott wirklich mein Gesprächspartner sein soll, dann muß ich in ihm ein persönliches Gegenüber sehen, ein Du, das ich ansprechen kann und von dem ich meinerseits angesprochen werde!

Jesus hat uns dieses persönliche Gottesbild geschenkt. Als die Jünger ihn damals baten: „Herr, lehre uns das Beten!",

da brachte er ihnen das Vaterunser bei (vgl. Lk 11,2-4). Jesus lehrt uns also, in Gott unseren himmlischen Vater zu sehen, der uns, seine Kinder, kennt, uns liebt und allezeit offen ist für unsere Sorgen und Nöte. Deshalb kann ich auch mit ihm so reden, wie ein Kind mit seinem Vater redet: ohne befürchten zu müssen, daß er mich abweist. Ich kann ihm alles, aber auch wirklich alles sagen, was ich auf dem Herzen habe. Und das brauche ich nicht unbedingt in hochgestochener, feierlicher Form zu tun, sondern ich kann in ganz schlichten, einfachen Worten zu ihm sprechen - eben wie ein Kind. Gott wird mich verstehen. Und er wird mir auch helfen. Bei ihm bin immer gut aufgehoben.
Auf einem Plakat, das an der Tür zu einer Krankenhauskapelle angebracht war, fand ich einmal folgendes Wort: „Beten heißt: sich aus der Angst dieser Welt aufmachen und zum Vater gehen." Ein gutes Wort! Wir Menschen werden ja in unserem Leben von allerhand Ängsten und Nöten geplagt. Aber das braucht uns nicht niederzudrükken. Denn wir haben immer einen Aus-Weg! So wie ein Kind, das, wenn es Angst hat, schnell zum Vater läuft, weil es weiß: in seinen Armen bin ich sicher, da wird mir nichts passieren, so können wir uns immer zu Gott, unserem himmlischen Vater, flüchten, um bei ihm Schutz und Geborgenheit zu finden.
Das setzt freilich *Vertrauen* voraus, kindliches Vertrauen! Für Jesus eine ganz entscheidende Grundhaltung beim Beten. So sagt er einmal den Jüngern: „Alles, worum ihr betet und bittet, glaubt nur, daß ihr es schon erhalten habt, dann wird es euch zuteil!" (Mk 11,24).

Wer dieses Vertrauen zu Gott hat, der wird sich von ihm niemals enttäuscht sehen; er wird sich nicht - wie jene Frau im Gesprächskreis, die ihren Mann verloren hatte - von Gott ungerecht behandelt fühlen, wenn ihr Kreuz und Leid begegnen. Er weiß vielmehr, wie recht jenes Kirchenlied hat, das uns singen läßt: „Gott ist Vater, der uns liebt, wann er nimmt und wann er gibt."

Eine andere Grundhaltung beim Beten ist die *Dankbarkeit.* Auch sie können wir von Jesus lernen. Als z.B. die 72 Jünger, die er ausgesandt hatte, zurückkehrten und ihm über ihre großartigen Erfolge berichteten, sprach er spontan ein Dankgebet (Lk 10,21.22), desgleichen im Abendmahlssaal, als er mit seinen Jüngern Abschied feierte (vgl. Joh 17).

Dankbarkeit - auch sie entspricht unserem Kindschaftsverhältnis zu Gott. So, wie ein Kind in froher Dankbarkeit das entgegennimmt, was der Vater ihm schenkt, so können, ja müssen wir es Gott gegenüber tun. Was wir sind und haben, das kommt ja von ihm. Das verdanken wir nicht uns selbst, unserer eigenen Kraft und Leistung, sondern unserem himmlischen Vater! Insofern ist es auch kein Widerspruch, wenn der Apostel Paulus uns im Philipperbrief mahnt, daß wir auch unsere Bitten stets mit Dank vor Gott tragen sollen (Phil 4,6). Ein Mensch, der Gott um etwas bittet, der erkennt ja damit an, daß er von ihm abhängig ist, daß er ihm alles verdankt. Wir sind vor Gott eigentlich immer nur Empfangende, nicht Gebende. Was könnten wir Gott denn auch anbieten! Letztlich stehen wir immer mit leeren Händen - und vielleicht auch mit leerem Herzen - vor ihm. Um so dankbarer müssen wir sein für alles, was er uns gibt.

Und noch eine Grundhaltung beim Beten ist wichtig: die *Beharrlichkeit*! Schauen wir noch einmal auf die Kinder! Welcher Vater, welche Mutter wüßte nicht, wie sehr Kinder betteln können, bis sie endlich erreichen, was sie möchten.

Jesus ruft uns zur Beharrlichkeit beim Beten ausdrücklich auf. So erzählt er in einem Gleichnis von jemandem, der nachts zu einem Freund geht, um sich etwas auszuleihen. Und er geht seinem Freund mit seinem permanenten Klopfen so sehr auf die Nerven, daß dieser schließlich aufsteht und ihm das Gewünschte gibt (Lk 11,5-13). Für mich heißt das: Ich soll und darf Gott mit meinem Bitten ruhig „auf die Nerven gehen"! Jedenfalls darf ich, wenn mein Gebet nicht sofort erhört wird, niemals zu früh „die Flinte ins Korn werfen" und meinen: „Es hat ja doch keinen Sinn mehr zu beten." Beten hat immer Sinn!

Gewiß: Manchmal läßt Gott uns lange auf die Erhörung warten. Er schickt uns zuweilen auch beim Beten in eine trostlose Wüste und dunkle Nacht, so daß wir mit dem Gekreuzigten ausrufen möchten: „Mein Gott, mein Gott, warum hast du mich verlassen?" (Mk 15,34). Er mag dafür seine Gründe haben. Aber wenn wir „im Namen Jesu beten", d.h. wenn wir uns so, wie Jesus es uns vorgemacht und gelehrt hat, ehrlichen Herzens, in der Haltung kindlichen Vertrauens, in froher Dankbarkeit und Beharrlichkeit an Gott wenden, dann wird er uns erhören. Das hat Jesus uns ausdrücklich versprochen (vgl. Joh 15,16; 16,24). Vielleicht wird Gott uns dabei nicht so und auch nicht so rasch erhören, wie wir es gern hätten, aber auf jeden Fall so, wie es für uns tatsächlich am besten ist. Und wenn wir überhaupt nicht wissen, was und wie wir beten können, dann sollten wir daran denken: Wir beten nie allein! Wenn wir „in Jesu Namen“ beten, dann betet Er mit uns und für uns (vgl. Joh 17). „Und auch der Hl. Geist“, sagt Paulus, „nimmt sich unserer Schwachheit an. Er tritt (beim Beten) so für uns ein, wie Gott es will“ (Röm 8,26.27). Gott aber will für uns immer nur das Beste; er will uns glücklich machen. Er ist ja unser himmlischer Vater, der genau weiß, was wir für unser Leben wirklich brauchen. Ihm können wir uns ganz anvertrauen. Er wird uns nie enttäuschen.

FREUDE - GOTTES BESTIMMUNG FÜR DEN MENSCHEN

Nun sind sie wieder unterwegs: die großen und kleinen „Narren“. In ihren bunten Verkleidungen beherrschen sie in diesen Tagen vielerorts das Straßenbild. Sie singen, tanzen und schunkeln miteinander. Sie lassen immer wieder ihren kräftigen Fastnachtsruf erschallen (z.B. das Helau, das fast so klingt wie das Halleluja) und laden damit alle, die ihnen begegnen, ein, mitzufeiern und fröhlich zu sein.

Es ist ihnen auch zu gönnen: dieses frohe Fastnachtstreiben. Das Leben ist ja ernst genug. Da hat man kaum etwas zu lachen. Warum also nicht wenigstens für ein paar „tolle Tage“ das Leben in heiterer Ausgelassenheit genießen! Der Mensch braucht so etwas einfach. Im alttestamentlichen Buch Kohelet heißt es: „Alles hat seine Stunde. Für jedes Geschehen unter dem Himmel gibt es eine bestimmte Zeit: es gibt... eine Zeit zum Weinen und eine Zeit zum Lachen, eine Zeit für die Klage und eine Zeit für den Tanz...“ (Koh 3,1.4). Jetzt, zur Fastnacht, da ist die Zeit zum Lachen, die Zeit für Tanz und Fröhlichkeit! Warum nicht diese Chance nutzen?

Ich weiß: Viele stehen der Fastnacht kritisch oder gar ablehnend gegenüber, und manch einer hält sie für überflüssig und entbehrlich. Nun gibt es bei der Fastnacht gewiß Auswüchse, die nicht zu akzeptieren sind. Und eine Fröhlichkeit sozusagen „auf Kommando“ - weil nun einmal wieder die drei „tollen Tage“ auf dem Kalender stehen -, das ist auch nicht unbedingt jedermanns Sache. Und doch wäre es, so meine ich, schade, gäbe es die Fastnacht nicht, kommt sie doch eigentlich Bedürfnissen und Sehnsüchten entgegen, die irgendwie in jedem von uns schlummern.

Da ist etwa die Sehnsucht nach einer Welt, in der alle Menschen gleich sind, in der es keine Unterschiede gibt zwischen arm und reich, groß und klein. Und das geht ja in der Fastnacht - wenigstens für kurze Zeit - in Erfüllung. Unter der Narrenkappe sind alle gleich!

Und sogar Minister lassen es sich nicht nehmen, in diesen Tagen die Narrenkappe aufzusetzen und sich unter das Volk zu mischen. Alle rücken zusammen, feiern gemeinsam und sind fröhlich. Friedrich Schiller hat insofern recht, wenn er über die Freude sagt, daß „alle Menschen Brüder" werden, wo ihr „sanfter Flügel weilt". Die Fastnacht beweist es.

Eine weitere Sehnsucht, die in diesen Tagen ihren Ausdruck findet, das ist die Sehnsucht, einmal ein ganz anderer zu sein als im tatsächlichen Leben. Deshalb der Hang zu Maskierung und Verkleidung. Man möchte einfach einmal eine andere Rolle spielen als sonst. Wenigstens für kurze Zeit möchte man sozusagen in eine andere Haut schlüpfen und das verkörpern, was man immer schon gerne sein wollte. Und so kommen sie denn einher, verkleidet als Cowboys oder Indianer, als Hexen oder Prinzessinnen.

Zu den schönsten Verkleidungen gehört für mich dabei immer noch die Verkleidung als Clown. Wer je in einem Zirkus war, weiß, was ich meine. Wenn dort in den Pau-

„Der Mund kann lachen, wenn das Herz auch traurig ist"
(© Sieger Köder)

sen der Clown auftritt, um seine lustigen Späße durchzuführen, dann fangen alle unwillkürlich an zu lachen. Dabei will der Clown keineswegs nur zu einem oberflächlichen, vielleicht gar nur einem schadenfrohen Lachen animieren. Wenn er da scheinbar unsinnige Dinge treibt und so tut, als nähme er nichts ernst, dann will er damit den Menschen - sozusagen durch die Blume - zu verstehen geben, daß es wichtigere Dinge gibt als die alltäglichen Sorgen und daß man sie deshalb auch nicht immer so furchtbar ernst nehmen darf - und sich selbst ebenfalls nicht. So ein Clown ist ein richtiger Lebenskünstler und ein echter Optimist, der das Leben - trotz allem - immer von der positiven Seite sieht.

Gerade in seinem heiteren Optimismus aber verkörpert er für mich wie kein anderer noch eine weitere Ursehnsucht des Menschen, die in diesen Tagen ebenfalls besonders deutlich zum Vorschein kommt: die Sehnsucht nach Freude. Die Freude, sie gehört nun einmal zum menschlichen Leben genauso wie Trauer und Leid. Und wir brauchen sie alle, so nötig wie das tägliche Brot. Denn ohne Freude ist das Leben nicht nur langweilig, sondern sinnlos.

Die Sehnsucht nach Freude, die in diesen Fastnachtstagen in mannigfachen Formen ihren Ausdruck findet, hat für mich etwas mit Gott zu tun. Als Christ glaube ich nämlich, daß Gott ein Gott der Freude ist. Das bestätigt mir die Bibel. Gott begegnet mir darin als jemand, der sich freut, etwa über seine Geschöpfe oder auch über einen Sünder, der umkehrt (vgl. Lk 15,7.10). Ja, dieser Gott kann auch lachen (vgl. Ps 2,4). Und der englische

Schriftsteller Gilbert K. Chesterton meint sogar: „Gott hat auch Humor. Denn er hat den Menschen geschaffen!“ Gott ist ein Gott der Freude, und er lädt uns alle ein, sich mit ihm zu freuen. Er will uns gleichsam anstecken mit seiner Freude, seinem Lachen. Lachen zu können, das ist vielleicht das kostbarste Gut, das Gott uns Menschen geschenkt hat. Von dem berühmten Philosophen Immanuel Kant stammt ein schönes Wort: „Der Himmel hat dem Menschen als Gleichgewicht zu den vielen Mühseligkeiten des Lebens drei Dinge gegeben: die Hoffnung, den Schlaf und - das Lachen!“

Lachen, das meint dabei nicht jenes Lachen, das nur die Langeweile vertreiben oder innere Leere vergessen machen soll. Gemeint ist auch nicht vorgetäuschte oder künstlich aufgesetzte Fröhlichkeit. Gemeint ist vielmehr Lachen als Ausdruck einer Freude, die von innen her kommt. Deren schönste Blüte ist ohne Zweifel der Humor. Und eine gehörige Portion Humor braucht wohl unser aller Leben. Denn der Humor, d.h. „die Fähigkeit zu lachen, wenn es ernst wird“, wie es der Schauspieler Paul Henckels formuliert hat, der Humor bewahrt uns davor, zu seelenlosen Maschinen zu werden. Und er weist uns darauf hin, daß wir Geschöpfe sind, Geschöpfe in der Hand eines liebenden Vaters, der nichts anderes will, als daß wir uns freuen; denn zur Freude hat er uns bestimmt!

Genau dies ist auch die Botschaft, die Jesus den Menschen verkündet hat. Immer wieder, z.B. in seinen Gleichnissen oder auch in den Seligpreisungen der Bergpredigt, hat er vom „Gott der Freude“ gesprochen und klargemacht, daß Gott auch uns Menschen - sogar den

Armen und im Leben zu kurz Gekommenen - Freude gönnt und Freude schenken will. Und was Jesus verkündet hat, das hat er auch vorgelebt. Wir wissen von ihm z.B., daß er sich gerne zu Festen einladen ließ, daß er mitfeierte und fröhlich war mit den Fröhlichen. Denken wir nur an die Hochzeit zu Kana (vgl. Joh 2,1-12)! Jesus war also kein Griesgram oder Trauerkloß. Wie wären ihm sonst so viele Menschen nachgelaufen! Sie kamen zu ihm doch sicherlich, weil sie sich bei ihm wohlfühlten, strahlte er doch eine Freude aus, die schnell auf andere übersprang und die etwas aufleuchten ließ von Gottes Güte und Liebe zu uns Menschen.

Jesus - ein Mensch, der Freude ausstrahlte! Müßten da nicht auch seine Jünger, die Christen, allesamt solche Menschen sein? Ein Bischof schrieb einmal in das Tagebuch einer Jugendgruppe die folgenden Sätze hinein: „Eigentlich müßte man den Christen am Gesicht erkennen - ich meine am freundlich-frohen Gesicht... Seine Fröhlichkeit setzt nicht Luftschlangen, Knallfrösche und reichlich Alkohol voraus, seine Freude kommt vielmehr aus der Tiefe des eigenen Herzens, von dort, wo Gott seinen Platz in ihm hat... Räumt doch den lästigen Schutt beiseite, den der Alltag mit seinen kleinlichen, ich-haften Sorgen und mit seinen unbedeutenden Wichtigkeiten immer wieder anschwemmt! Was Gott in seiner Menschenfreundlichkeit ins Wesen seiner Kinder senkte, soll, ja muß unser Leben ergreifen und mitgestalten dürfen. Im Antlitz des Christen spiegelt sich echte Freude: ein Zeugnis der Gottverbundenheit!“ (aus: Der Prediger und Katechet, Jahrgang 124, S.129). Soweit der Bischof. „Im

Antlitz des Christen“, schreibt er, „spiegelt sich echte Freude“. Aber tut sie das wirklich? Wie steht es denn heutzutage mit der Freude bei den Christen? Oft hat man das Gefühl, als ob es sich unter ihnen noch nicht herumgesprochen habe, daß Christentum eine „Religion der Freude“ ist. Manche Christen legen ein gar zu ernstes, ja sauertöpfisches Christsein an den Tag. Offenbar sind sie der Meinung, Froh-sein und Fromm-sein hätten allenfalls die ersten drei Buchstaben gemeinsam, ansonsten aber nichts miteinander zu tun. Und wo bleibt heutzutage die Freude in der Kirche, beim Gottesdienst? Wer wagt da schon einmal herzhaft zu lachen?
Vor einigen Jahren wurde in der Pfarrei einer westdeutschen Kleinstadt ein Vortrag angekündigt über das Thema: „Das Lachen in der Kirche“. Die Jugend der Pfarrei beteiligte sich eifrig an der Herstellung der Plakate, die für diesen Vortrag werben sollten. Als die jungen Leute gerade beim Malen der Plakate waren, kam eine ältere Dame hinzu. Sie studierte aufmerksam, was da geschrieben stand: „Das Lachen in der Kirche... !“ Und sie fragte, wo diese Plakate denn angebracht werden sollten. Die jungen Leute antworteten: „Zum Beispiel an der Kirchtür!“ Darauf die Frau: „Dann weiß ich schon, wie der Text weitergeht: ‘Das Lachen in der Kirche - ist verboten!’“ Nein, verboten ist das Lachen keineswegs, auch nicht in der Kirche! Nur sieht die Wirklichkeit leider meistens ganz anders aus.
Ein Christ unserer Tage hat ein Gebet verfaßt, in dem er dies beklagt (Hans-Joachim Rennkamp, Gebet um Humor, in: Prediger und Katechet, Jahrgang 124, S.155). Da

heißt es: „Herr, viele Christen machen heutzutage ein bekümmertes Gesicht, in dem die Frohe Botschaft keine Spuren hinterlassen hat. Wann merken wir endlich, daß dort, ‘wo die Kirche ist, auch Deine Freude’ ist? Wir haben den Humor verlernt, diese menschlichste aller Gaben des Hl. Geistes. Wir gebärden uns heute großartig wissenschaftlich, ernsthaft geschäftig und halten Diskussionen über Strukturfragen. Wir machen uns Sorgen um die Zukunft, wie wir uns liturgisch kleiden und von welchem Meinungsmarkt wir leben sollen. Darüber werden wir kleingläubig und humorlos: die Probleme türmen sich, der Glaube schrumpft, weil es nicht mehr gewiß ist, daß Du Deine Hand im Spiel hast. Im befreienden und erlösten Lachen eines Kindes steckt mehr Ernst und Wahrheit als in allen 'Torheiten' theologischer Spitzfindigkeit. Und die herzlich-schelmischen Gebete eines Don Camillo stehen Deinem Herzen näher als unsere grollenden politischen Nachtgebete.“ Das Gebet schließt mit der Bitte: „Herr, wir bitten Dich um Deinen Hl. Geist des Humors, der die Welt überwindet, ohne sie zu verachten.“ Eine Bitte, der man sich nur anschließen kann.

Daß das Christentum eine „Religion der Freude“ ist und deshalb auch Fromm-sein und Froh-sein für einen Christen sich nicht ausschließen, sondern eng zusammengehören, das wird mir immer wieder bewußt, wenn ich mich in die Lebensgeschichten der Heiligen vertiefe. Keiner von ihnen erscheint mir wie ein „trauriger Heiliger“. Ganz im Gegenteil: Ich begegne in ihnen Menschen, die von einer tiefen, ansteckenden Freude, ja oft von einem herzlichen Humor geprägt sind.

Ich denke etwa - um nur wenige Namen zu nennen - an Johannes Bosco, den großen Jugendseelsorger aus dem vorigen Jahrhundert. Von ihm stammt der Satz: „Das Beste, was wir auf dieser Welt tun können, ist: Fröhlich sein, Gutes tun und die Spatzen pfeifen lassen!" Nach diesem Motto hat sich Don Bosco stets selber gerichtet. Die Fröhlichkeit war eine Grundhaltung in seinem Leben. Und mit dieser Fröhlichkeit faszinierte er die jungen Leute, die zu ihm kamen. Dabei war seine Fröhlichkeit beileibe keine Schaumschlägerei, kein oberflächliches Getue. Sie kam von innen. Sie war Ausdruck eines tiefen, vertrauenden Glaubens: an Gott, an seine Liebe, an seine Sorge um jeden Menschen. Aus diesem Glauben heraus gründete er den „Bund der Fröhlichen", einen Freundeskreis, der sich um gute Gespräche bemühte, um ein Leben aus dem Glauben in der Freude vor Gott, und ebenso um gute Werke an den Mitmenschen.

Als ein weiteres Beispiel sei der hl. Philipp Neri erwähnt, ein italienischer Priester aus dem 16. Jahrhundert. Er war damals allgemein bekannt für seine Späße und Streiche. Man nannte ihn deshalb sogar den „Spaßvogel Gottes". In diesem Priester lebte einfach eine frohe Liebe zu Gott und den Menschen, eine liebevolle Heiterkeit. Und die wirkte anziehend. In seiner kleinen Wohnung - in der „Herberge zur christlichen Fröhlichkeit", wie man sie nannte - trafen sich immer mehr Menschen. Sie lasen in der Hl. Schrift. Sie sprachen und beteten miteinander. Sie besuchten aber auch die Kranken und nahmen sich liebevoll der Pilger an, die nach Rom kamen.

Ein anderes Beispiel ist der hl. Vinzenz von Paul. Von ihm erzählt eine Anekdote, wie er einmal im Empfangssaal eines vornehmen Hauses seine mächtige Gestalt in einem großen Spiegel erblickte und daraufhin unbefangen vergnügt ausrief: „O was für ein ungeschlachter Bengel bin ich doch!" Einen so sympatischen Humor, den kann man nur bewundern.
Wie wichtig für die Heiligen Freude und Humor waren, das kann auch der hl. Thomas Morus zeigen. Dieser große englische Staatsmann des 16. Jahrhunderts hat ein köstliches „Gebet um Humor" verfaßt. Darin heißt es u.a.: „Herr, schenke mir Sinn für Humor, gib mir die Gnade, einen Scherz zu verstehen, damit ich ein wenig Glück kenne im Leben und anderen davon mitteile!" (vgl. Gotteslob, S. 35,3). Wer hätte das gedacht: Ausgerechnet ein mit den politischen Tagesgeschäften befaßter Mann bittet um Humor! Daran könnten sich so manche Politiker heute ein Beispiel nehmen.
Die Reihe der Namen ließe sich fortsetzen. Man könnte die Linie ausziehen bis in unsere Zeit und etwa an Papst Johannes XXIII. denken, der mit seiner ungezwungenen Liebenswürdigkeit so viele Menschen begeisterte. Und wer erinnert sich nicht mehr an jenen „lächelnden Papst" Johannes Paul I.!
Alle diese Beispiele bestätigen es: Ein echter Christ ist ein froher Mensch. Und da Freude danach drängt, sich mitzuteilen, ist er immer auch ein guter Mensch. Wie sagt Don Bosco: „Fröhlich sein, Gutes tun und die Spatzen pfeifen lassen!" Das gehört zusammen und ist, so Don Bosco, „das Beste, was wir auf dieser Welt tun können". Wer

wollte daran zweifeln, daß die Welt auch heute noch Menschen braucht, die aus der Fröhlichkeit ihres Herzens heraus Gutes tun in heiterer Gelassenheit und großem Gottvertrauen, Menschen, bei denen etwas aufleuchtet von Gottes Güte und Liebe - wie damals bei Jesus.
Ich wünsche uns allen, daß wir solche Menschen sein können. Ich wünsche uns ein fröhliches Herz, eine Freude, die nicht nur für „drei tolle Tage“ hält, sondern die bleibt, auch wenn „am Aschermittwoch alles vorbei“ ist und der graue Alltag uns wiederhat. Und allen, die vielleicht nicht gut dran sind und denen wahrlich nicht zum Lachen zumute ist, wünsche ich eine ganz persönliche Erfahrung mit dem „Gott der Freude“, etwa in der Begegnung mit einem guten Menschen, der sie tröstet, aufmuntert und ihre Leiden mitträgt, damit sie wieder an das Leben glauben und daran, daß Gott auch sie zur Freude bestimmt hat. Oder um es mit der hl. Therese von Lisieux zu sagen: Ich wünsche ihnen die Erfahrung, daß „alles, auch das Leid“ für sie „zum Lächeln Gottes“ wird.

„WER NICHT DANKT, WIE KANN DER GLÜCKLICH SEIN?“ (I.F. Görres)
Über den Wert der Dankbarkeit

Am Himmelstor, so erzählt eine Parabel, trafen sich zwei vornehme Damen. Sie stellten sich einander vor: „Ich bin die Wohltätigkeit“, sagte die eine. „Ich die Dankbarkeit“, erwiderte die andere. Beide waren sehr erstaunt, denn sie begegneten sich jetzt zum allerersten mal. „Schade, daß wir uns auf Erden nie getroffen haben“, meinten beide bedauernd, „wo wir doch Zwillingsschwestern sind!“

Ja, es ist schon so eine Sache mit der Dankbarkeit. Sie ist weithin eine unbekannte Tugend. Man übersieht sie leicht, so klein, unscheinbar und wenig ausgebildet ist sie. Da verhält es sich mit ihrem Gegenteil, der Undankbarkeit, ganz anders. Sie erscheint in dieser Welt stark ausgeprägt. „Undank ist der Welten Lohn“, sagt ein Sprichwort. Dahinter steht eine Erfahrung, die im Grunde so alt ist wie die Menschheit selbst.

Schon im biblischen Schöpfungsbericht spiegelt sie sich wider (vgl. Gen 1-3): Da hatte Gott den ersten Menschen mit großen Gaben beschenkt, hatte ihn mit Verstand und freiem Willen ausgestattet und zu seinem Ebenbild gemacht. Der Mensch sollte die „Krone der Schöpfung“ sein. Vor allem sollte er für immer in der Gemeinschaft mit Gott leben dürfen. Nur eines verlangte Gott: daß der Mensch Gottes Oberhoheit über sein Leben anerkannte. Aber der Mensch erwies sich als undankbar. Er wollte Gott nicht über sich dulden, sondern sich von ihm

„emanzipieren"; er wollte selber sein wie Gott, und übertrat dessen Gebot. Die Folge war: Er verlor die Gemeinschaft mit Gott, das Paradies, und verfiel der Macht des Bösen mit all den schrecklichen Konsequenzen, unter denen die Menschheit auch heute noch zu leiden hat. Undank ist der Welten Lohn!
Auch die Geschichte des Volkes Israel erscheint als eine einzige Geschichte des Undanks gegenüber Gott: Der hatte Israel aus der Knechtschaft Ägyptens befreit und zu seinem Eigentumsvolk gemacht, hatte mit Israel einen Bund geschlossen und sich verpflichtet, immer für dieses Volk da zu sein, es zu schützen und zu verteidigen, ihm Heil und Segen zu schenken. Doch statt dafür dankbar zu sein und seinerseits die Bundesverpflichtungen zu erfüllen, fiel das Volk immer wieder von Gott ab und ging seine eigenen Wege. Da halfen auch alle Warnungen und Drohungen der Propheten nichts. Das Volk rannte blind in sein Verderben. Die Babylonische Gefangenschaft war eigentlich nur die letzte, unausweichliche Konsequenz dieses permanenten Undanks gegenüber Gott. Undank ist der Welten Lohn!
Das hat auch Jesus erfahren müssen. Da nahm er sich der Menschen in ihren mannigfachen Nöten an. „Das Volk, das im Dunkeln saß, sah (durch ihn) ein helles Licht", wie es im Evangelium des heutigen Sonntags heißt (vgl. Mt 4,15); ein Licht der Freude und der Hoffnung strahlte den Menschen in Jesu Nähe auf. Aber Dank erntete Jesus dafür kaum.
Bezeichnend ist die Geschichte von den zehn Aussätzigen, die Jesus von ihrer schweren Krankheit befreite (vgl.

„Habe ich nicht zehn geheilt, wo sind die übrigen neun?“
(Emailarbeit von Egino G. Weinert)

Lk 17,12-19). Nur einer von ihnen - ausgerechnet ein verachteter Samariter - kehrt zurück, um Gott für die Heilung zu loben und zu danken. Die übrigen neun halten das für überflüssig. Undank ist der Welten Lohn!
Ist es inzwischen anders geworden? Wohl kaum. Man hat im Gegenteil eher das Gefühl, daß der Mensch von heute das Danken weitgehend verlernt hat. Wie oft muß ein Kind, wenn es etwas geschenkt bekommt, von Vater oder Mutter erst darauf aufmerksam gemacht werden, daß man sich gefälligst zu bedanken hat! Oder wie oft hört man Eltern klagen: „Da haben wir für unsere Kinder so viel getan, aber die zeigen sich undankbar. Sie wollen nichts mehr von uns wissen, lassen sich nichts mehr sagen, gehen ihre eigenen Wege."
Und bei den Erwachsenen? Da ist es doch auch nicht viel anders. Natürlich: wenn jemand uns eine Gefälligkeit erweist oder aus einer Verlegenheit hilft, dann pflegen wir - höfliche Menschen, die wir nun einmal sein wollen - uns zu bedanken. Aber wie oft ist unser Dankeschön nur eine leere Formel, nur eine oberflächliche Pflichtübung, ohne persönliches Engagement und vor allem - ohne Ehrlichkeit! Weil wir beim Danken nur auf das schauen, was wir erhalten, aber nicht den Menschen sehen, der dahinter steht, erst recht nicht das Herz. Ein solcher Dank aber, der kaum mehr ist als eine höfliche Konvention, ein solcher Dank - so las ich einmal - „läßt immer ein wenig Herzlichkeit sterben und macht unsere Welt etwas ärmer". Vielleicht ist das auch der Grund, warum unsere moderne Gesellschaft oft einen so traurigen, frustrierten, gelang-

weilten Eindruck macht: Dem Menschen von heute ist die Tugend der Dankbarkeit recht fremd geworden.
Natürlich gibt es immer noch Beispiele für wirklich echte, von Herzen kommende Dankbarkeit. Ich denke etwa an eine mitten im Berufsleben stehende unverheiratete Frau, die fast ein Jahr lang unbezahlten Urlaub nahm, um ihren alten und schwerkranken Vater zu pflegen. Gefragt, warum sie das tue, antwortete sie wie selbstverständlich: „Es ist doch der Vater, dem wir Kinder so viel zu verdanken haben!" Aber solche Beispiele sind heute wohl eher selten. Allermeist scheint nach wie vor zu gelten: Undank ist der Welten Lohn!
Woran mag es wohl liegen, daß wir Menschen uns beim Danken so schwer tun? Vielleicht steckt in uns die Angst, wir könnten uns etwas vergeben, mit dem Dank uns bloßstellen, uns ausliefern. Das mag auch ein Grund dafür sein, daß es manch einem so schwerfällt, ein Geschenk anzunehmen. Er fürchtet: Wenn ich mir etwas schenken lasse, dann gerate ich womöglich in Abhängigkeit vom anderen. Das aber will ich nicht. Ich will frei bleiben, nicht zugeben müssen, daß ich einem anderen etwas schulde - daß ich ihm Dank schulde!
Wohl im Blick auf diese Haltung hat Denis Diderot, ein französischer Philosoph des 18. Jahrhunderts, gesagt: „Die Dankbarkeit ist eine Last, und jede Last will abgeschüttelt sein."
In der Tat: Wer den Dank nur als ein lästiges Muß empfindet, als Zwang, vielleicht sogar als Demütigung, die ihn vor dem anderen klein macht, dem wird Dankbarkeit immer Unbehagen bereiten. Und dieses Unbehagen führt

schließlich dazu, daß er sich nicht nur vom Danken distanziert, sondern auch sehr rasch auf die Seite des Undanks wechselt.

Indes, nicht der Dank belastet, sondern der Undank. Er hält uns nämlich im Gefängnis unseres kleinen Ich, distanziert uns vom anderen und macht jede echte Kommunikation unmöglich.

„Undank ist schlimmer als Diebstahl“, sagt der jüdische Talmud. Genauso ist es. In der Verweigerung des Dankes werden wir gleichsam zu Dieben. Denn wir rauben uns und den anderen ein unverzichtbares Element sinnvollen Zusammenlebens. Ja letztlich zerstören wir die Kultur menschlicher Gemeinschaft. Und das muß für jede Gemeinschaft verheerende Folgen haben.

Eine Gemeinschaft kann nur lebendig bleiben, wenn in ihr die Dankbarkeit zu Hause ist. Das gilt auch, ja erst recht in bezug auf die Gemeinschaft des Menschen mit Gott. Doch wie steht es mit unserer Dankbarkeit gegenüber Gott? Was fordert man nicht alles von ihm! Man bittet ihn um wer weiß was. Aber wehe, wenn Gott die Bitten nicht erfüllt, zumindest nicht so erfüllt, wie man es sich vorgestellt hat. Dann macht man ihm vielleicht Vorwürfe oder kündigt ihm sogar die Freundschaft auf. Ja und wenn Gott den Bitten entspricht? Auch dann kommt die Dankbarkeit oft genug zu kurz.

Beim Menschen unserer Tage steht dahinter nicht selten die irrige Ansicht, alles sei für ihn verfügbar und aus eigener Kraft erreichbar. Er brauche niemanden zu seinem Glück, auch nicht Gott. Ein führender Wirtschaftler brachte es auf den Punkt, als er sagte: „Ich will alles, was

ich besitze, mir selbst verdanken." „Wer das sagt", so der Limburger Bischof Franz Kamphaus, „der geht schließlich vor sich selbst in die Knie. Er bückt sich tief vor dem Tabernakel des eigenen Ich, bis er am Ende feststellen muß, daß es leer ist und ohne Verheißung" (aus: Prediger und Katechet, Jahrgang 116,1977, S. 749.750).
Nein, ich verdanke keineswegs alles mir selbst. Im Gegenteil! Schon der Apostel Paulus sagt im 1. Korintherbrief: „Was hast du denn, das du nicht empfangen hättest? Aber wenn du es empfangen hast, was rühmst du dich, als hättest du es nicht empfangen?" (1 Kor 4,7). Was ich bin und was ich habe, kommt mir letztlich von Gott zu. Seiner Güte und Liebe verdanke ich mich selbst, mein Leben mit allem, was dazugehört, mein Glück und ewiges Heil. Kann ich auf diese Güte und Liebe Gottes eigentlich anders antworten als mit herzlicher Dankbarkeit?
Es gibt viele Möglichkeiten, Gott Dankbarkeit zu zeigen. Eine Möglichkeit ist das Gebet. Jedes echte Gebet wird immer von der Haltung der Dankbarkeit getragen sein. Das gilt auch für das Bittgebet (vgl. Phil 4,6). Wer Gott ernsthaft und ehrlichen Herzens um etwas bittet, der erkennt ja damit an, daß er von ihm abhängig ist, daß er ihm alles verdankt und verdanken will.
Eine weitere Möglichkeit, Gott dankzusagen - vielleicht der schönste Dank -, besteht darin, die Gaben, die er schenkt, mit anderen zu teilen. Danken, indem man teilt, indem man weiterschenkt! Der dankbare Mensch ist deshalb eigentlich immer auch ein guter Mensch, der eben seinen Dank an Gott zu einem je neuen Geschenk der Güte und der Liebe zu seinen Mitmenschen macht. Ein

Sprichwort sagt: „Dankbarkeit und Weizen gedeihen nur auf gutem Boden."
Vielleicht darf man noch etwas hinzufügen und sagen: Der Gott gegenüber dankbare Mensch ist nicht nur ein guter Mensch, sondern auch der wahrhaft freie und glückliche Mensch. Er ist nämlich noch offen für jene beglückende Erfahrung: Ich werde beschenkt. Ich werde geliebt. Ich darf danken! Und diese Erfahrung befreit ihn vom ängstlichen Kreisen ums eigene Ich und ermöglicht ihm seinerseits den Brückenschlag der Liebe - hin zu den Mitmenschen. Wo aber dies geschieht, da kann man von einem wirklich glücklichen, weil gelungenen Leben sprechen. Das meint auch Pater Alfred Delp, der im Januar 1945, kurz vor seiner Hinrichtung, in sein Tagebuch schrieb: „Wenn durch einen Menschen ein wenig mehr Liebe und Güte, ein wenig mehr Licht und Wahrheit in der Welt war, dann hat sein Leben einen Sinn gehabt" (aus: Im Angesicht des Todes, S. 231).
Ja, es stimmt: Die Dankbarkeit gegenüber Gott - um die es letztlich auch bei jedem Dank den Mitmenschen gegenüber geht - ist der Schlüssel zum Glück. Die Schriftstellerin Ida Friederike Görres hat insofern recht, wenn sie sagt: „Wer nicht dankt, wie kann der glücklich sein?"
Weil die Dankbarkeit für uns und unser Zusammenleben mit Gott und den Mitmenschen unverzichtbar ist, ja als ein entscheidender Schlüssel zum Glück angesehen werden kann, gilt es, sich in dieser Tugend einzuüben. Das ist allerdings nicht so ganz einfach. Ältere Menschen tun sich mit der Dankbarkeit wahrscheinlich leichter als jüngere. Allzuoft schon mußten sie nämlich in ihrem Leben

erfahren, daß nicht alles selbstverständlich ist und daß man dankbar sein muß für alles, was einem noch zufällt: daß man dankbar sein muß für jeden neuen Tag, für jedes gute Wort, für jede kleine Hilfe. Der Dichter Manfred Hausmann meint dehalb sogar: „Alt sein und keine Dankbarkeit kennen, ist - glaube ich - gleichbedeutend mit töricht sein!“ Doch ist Danken keineswegs nur ein Vorrecht der älteren Menschen; es muß von Jugend auf geübt und gepflegt werden, soll es - gerade auch in schweren Stunden, da Leid, Not, Krankheit oder Altersbeschwerden uns belasten - unser Leben erhellen und durchwärmen.

Worauf kommt es dabei an? Wichtig ist wohl vor allem, daß ich lerne, mich und mein Leben in der richtigen Perspektive zu sehen. Ich darf weder nur auf mich selbst schauen noch gar mich mit anderen vergleichen. Wenn ich nämlich nur auf mich selbst schaue, dann bleibe ich, ob ich will oder nicht, im Gefängnis meines kleinen Ich und kann keine Brücke schlagen durch dankbare Hinwendung zu Gott und dem Mitmenschen. Und wenn ich mich mit anderen vergleiche, dann werde ich leicht unzufrieden - wenn ich z.B. sehe, daß andere etwas haben dürfen, was mir abgeht -; und diese Unzufriedenheit macht mich zur Dankbarkeit unfähig. Dankbarkeit ist nämlich das „Gedächtnis des Herzens“. Die Unzufriedenheit aber raubt mir dieses Gedächtnis; sie läßt mich allzuleicht vergessen, was mir in meinem Leben schon alles an Gutem geschenkt worden ist.

Die einzig richtige Perspektive besteht darin, daß ich auf Gott schaue, mein Leben vertrauensvoll in seine Hände lege und offen bin, mich von ihm immer neu beschenken zu lassen. Das meint auch der Philosoph Dietrich von

Hildebrand, wenn er sagt, Dankbarkeit habe zutiefst etwas mit Demut zu tun. Der Dankbare sei „sich der Tatsache bewußt, daß er ein Bettler vor Gott ist und kein Recht besitzt, auf dem er Gott gegenüber bestehen kann, daß alles Geschenk der Güte Gottes ist und er Gott gegenüber keine Forderung stellen kann".

Mir kommt da die Geschichte von jenem alten Mönch in den Sinn, der, im Bewußtsein, nicht mehr lange leben zu können, alles Mögliche versuchte, um sich den Himmel zu verdienen. Er fastete, betete, predigte, pflegte Kranke, tat dies und jenes. Aber sooft er auch an das Himmelstor klopfte - es blieb ihm immer verschlossen. Eines Tages nun, als er traurig vor dem Himmelstor saß, weil er wieder einmal keinen Einlaß gefunden hatte, entdeckte er ein Kind, das in der Nähe des Tores eine Sandburg baute. „Spielst du mit?", fragte das Kind. Selbstvergessen begann der Mönch mit dem Kind zu spielen. Bald wurde es Abend. Die Sonne wurde feurig rot und begann hinter dem Hügel zu sinken. „Schau mal, wie schön!", rief das Kind. „Ja, wie schön das ist", sagte der Mönch, und sein Herz wurde auf einmal ganz weit. „Gott, ist deine Welt schön!" In diesem Augenblick öffnete sich das Himmelstor, und der Mönch durfte eintreten.

Diese kleine Geschichte bestätigt es: Nur ein Mensch, der gelernt hat, von sich selbst abzusehen, der selbstvergessen auf Gott schaut, der sein Herz weit macht und demütig genug ist, sich von Gott beschenken zu lassen, der ist zu froher Dankbarkeit fähig. Und diese Dankbarkeit wird für ihn der Schlüssel zum Glück. Ja sie öffnet ihm sogar das Tor zum Himmel.